BEI GRIN MACHT SICH IHR WISSEN BEZAHLT

AF131198

- Wir veröffentlichen Ihre Hausarbeit,
  Bachelor- und Masterarbeit

- Ihr eigenes eBook und Buch -
  weltweit in allen wichtigen Shops

- Verdienen Sie an jedem Verkauf

Jetzt bei www.GRIN.com hochladen
und kostenlos publizieren

Bibliografische Information der Deutschen Nationalbibliothek:

Die Deutsche Bibliothek verzeichnet diese Publikation in der Deutschen National-bibliografie; detaillierte bibliografische Daten sind im Internet über http://dnb.d-nb.de/ abrufbar.

Coverbild: pixabay.com

Impressum:

Copyright © 2014 GRIN Verlag, Open Publishing GmbH
Druck und Bindung: Books on Demand GmbH, Norderstedt Germany
ISBN: 9783668339149

Dieses Buch bei GRIN:

http://www.grin.com/de/e-book/343881/teilhabe-am-arbeitsleben-mit-psychischer-erkrankung

Stephan Walk

Teilhabe am Arbeitsleben mit psychischer Erkrankung

Herr X und sein Weg beruflicher Rehabilitation in einer WfbM

GRIN Verlag

Inhaltsverzeichnis:

1. Vorwort

Der vorliegende Zielgruppenbericht befasst sich mit der beruflichen Entwicklung des Herrn X, eines Werkstattbeschäftigten der Lebenshilfe Werkstatt GmbH. Eine WfbM ist eine Maßnahme der beruflichen Reha. Es geht, darum vorhandene Leistungsfähigkeit, zu erhalten oder sie weiter auszubauen. Es handelt sich um eine Einrichtung, welche von Behinderung betroffene Menschen, die Teilhabe am Arbeitsleben ermöglicht[1], wenn ein Mindestmaß an wirtschaftlich ergiebiger Arbeit, nach Durchlaufen des Berufsbildungsbereiches erbracht werden kann.[2] Potentielle Kostenträger sind für diese Maßnahme, die Bundesagenturen für Arbeit nach den Vorschriften des SGB III, die Rentenversicherung, nach dem SGB VI oder manchmal auch die Unfallkassen nach den Vorschriften des SGB VII oder zumindest in Bayern die jeweiligen Regierungsbezirke nach den Vorschriften des zwölften Sozialgesetzbuches. Es hängt davon ab, wie lange ein behinderter Mensch vor Eintritt in die Werkstatt auf dem ersten Arbeitsmarkt tätig war, ob er sich zur Vorbereitung auf den Arbeitsbereich im Berufsbildungsbereich oder schon im Arbeitsbereich befindet und ob dem Werkstatteintritt ein Unfall vorausging oder nicht. Der Begriff des Rehabilitanden, steht in diesem Bericht sowohl für die Teilnehmer des Berufsbildungsbereiches als auch, diejenigen der unterschiedlichen Arbeitsbereiche der ZWO, sofern ich nicht ausdrücklich davon abweiche. Werkstattbeschäftigte sind im Arbeitsbereich beschäftigte Menschen mit Behinderung. Teilnehmer des Berufsbildungsbereichs werden noch auf einen festen Arbeitsplatz in einem Arbeitsbereich vorbereitet. Es werden die in der internen Einrichtungskonzeption verwendeten neutralen Begriffe für den Sozialpädagogischen Fachdienst, den Fachdienst berufliche Bildung und den psychologischen Fachdienst verwendet werden. Darüber hinaus werden männliche Formen des Sprachgebrauchs verwendet werden, um eine bessere Lesbarkeit des Textes gewährleisten zu können und ausdrücklich nicht, um das weibliche Geschlecht auszuschließen. Die Abkürzung „ZWO" steht in diesem Bericht und auch laut der internen Einrichtungskonzeption für die Zweigwerkstatt Obersendling. Sie ist ein Standort, von insgesamt 6 weiteren der Lebenshilfe Werkstatt GmbH mit einem speziellen, teilstationären Angebot für den Personenkreis mit seelischer Primärerkrankung. Ich habe mich bewusst dafür entschieden, diesen Bericht umfangreicher zu gestalten, weil das vorliegende Behinderungsbild des hier beschriebenen Rehabilitanden sehr komplex ist.[3] Er ist mehrfach

---

[1] § 33 SGB IX
[2] § 136 Abs.2 SGB IX
[3] vgl. Matthias Hammer/Irmgard Plößl (2012): Irre verständlich. Menschen mit psychischer Erkrankung wirksam unterstützen,129

behindert, denn bei ihm sind kognitive Einschränkungen ebenso, wie psychische Behinderungen zeitgleich vorhanden. Diese Tatsache bitte ich bei der Auswertung des Berichts angemessen zu würdigen.

2. Herr X und sein Lebenslauf

Herr X ist ledig, geboren am 22.12.1968 ist 46 Jahre alt und wohnt derzeit in seinem Elternhaus in München bei seiner Mutter, die Hausfrau ist und am 07.05.1944 geboren wurde. Der Vater, geboren am 23.07.41 und von Beruf Regierungsbeamter im gehobenen Dienst, verstarb im April 2014. Herr X hat einen jüngeren Bruder 08.06.1971. Er wohnt in der Nachbarschaft und kümmert sich hin und wieder um seinen größeren Bruder. Sein Lebenslauf vermittelt meiner Ansicht nach, neben der Auskunft über wesentliche Lebensereignisse, auch ein spezifisches Muster der Konfliktbewältigung mit inhärenter Flucht – und Vermeidungsstruktur, bei Auseinandersetzung mit seinen Problemen. Dieses Konfliktbewältigungsmuster ist persistent und damit kehrt fortwährend, die Art und Weise mit Konflikten umzugehen wieder. Die damit verbundenen Strategien sind ihm sehr vertraut und er wendet sie situationsübergreifend an unabhängig davon, ob seine internalisierten Verhaltensmuster zur Problemlösung beitragen oder ihn noch tiefer in Probleme verstricken. Seine unangepassten Strategien durchdringen alle Lebensphasen und Lebensbereiche bis heute. Aus dem Lebenslauf lässt sich zudem ablesen, dass bereits die Schulzeit sehr konflikthaft gewesen sein muss. Ein beruflicher Einstieg gelingt ihm nach abgebrochener Grundschule, Besuch einer Privatschule[4] und Abschluss der Hauptschule in München von 1976 bis 1986 nicht. Alle Arbeitsversuche, die er unternimmt werden von ihm nach kurzer Dauer abgebrochen. 1992 beginnt dann eine Zeit, die durch eine Vielzahl von Klinikaufenthalten geprägt ist. Diese Zeit dürfte ihn in seinen Konfliktbewältigungsstrategien noch weiter bestätigt und zur Verfestigung ebendieser beigetragen haben, so meine Annahme. Auffällig ist das es ihm nicht gelingen mag, tragfähige Beziehungen aufzubauen, weder im Privaten noch im beruflichen Kontext. Seine erste tragfähige Arbeitsbeziehung kann Herr X in der Zeit zwischen 1995 und 2000 etablieren und erfährt erstmals verlässliche Strukturen. In dieser Zeit besucht er die Förderstätte Piusheim in Baiern bei Glonn. Danach lebt wieder bei seinen Eltern. Zwischen 2000 und 2001 kommt er in das SPZ in Teutoburgerstraße in München. Dort wird ihm für circa ein Jahr ein breites Arbeitstherapieangebot offeriert mit Anbindung an eine teilstationäre

---

[4] lt. interner Eintragung auf dem Stammdatenblatt in der Einwicklungsplanmappe des Herrn X

Wohngruppenstruktur. Ab Oktober 2001 zieht Herr X jedoch wieder zurück in sein Elternhaus und verbleibt dort bis Anfang 2003. Auf eigenen Wunsch absolviert er schließlich ein dreitägiges Praktikum im Berufsbildungsbereich der Hauptwerkstatt der Lebenshilfe Werkstatt GmbH, welches er noch 2 Tagen, wegen wichtiger Termine abbricht. Er beginnt sein Eingangsverfahren in der Hauptwerkstatt der Lebenshilfe Werkstatt GmbH am 08.09.2003, nachdem er der Hauptwerkstatt der Lebenshilfe Werkstatt GmbH vom medizinischen Dienst des Arbeitsamtes Münchens[5] empfohlen wurde, der seine Werkstattfähigkeit[6] feststellte. Die Zeit im Eingangsverfahren[7] umfasste im Fall von Herrn X volle drei Monate. War es während des abgebrochenen Praktikums noch unklar, ob Herr X in der Lage sein würde den Arbeitstag durchzustehen, weil sich herausstellte, dass Herr X viel Struktur und klare Vorgaben hierfür benötigen würde[8], kristallisierte sich schließlich doch heraus, dass Herr X für den Berufsbildungsbereich geeignet war. Sein Eintritt in den Berufsbildungsbereich erfolgte am 08.12.2003.[9] Seine zwei Jahre Berufsbildungsbereich, verbrachte Herr X mit Job Rotation in verschiedenen Arbeitsbereichen und erlernte grundlegende Fähigkeiten im Umgang mit Werkzeugen und Arbeitsmaterial.[10] Obgleich die Zeit im Berufsbildungsbereich aus Grund – und Aufbaukurs besteht, absolvierte Herr X nur den Grundkurs[11]. Mit Blick auf sein Konfliktbewältigungsmuster war ein wichtiger Schritt, die Übernahme in den Arbeitsbereich der Hauptwerkstatt ab dem 08.12.05[12], auch ohne Aufbaukurs. Seine Berufsbildungsbereichszeit und die erste Zeit im Arbeitsbereich der Hauptwerkstatt der Lebenshilfe Werkstatt GmbH waren bis zu seiner Versetzung in die ZWO von Konflikten mit anderen Rehabilitanden durchzogen. Sich in eine Gruppe einzufügen[13], fiel Herrn X schon damals nicht leicht, da er sich nicht an gegebene Strukturen anpassen konnte und immer einforderte, dass die die ihn Umwelt sich seinen Bedürfnissen anpassen sollte. Er vermochte sich damals, wie heute kaum an Absprachen zu halten. Sein Verhalten fordert nach wie vor Konfliktsituationen geradezu heraus, denen Herr X nichts entgegenzusetzen hat und weshalb er nicht selten mit Flucht und Vermeidung reagiert. Diese Strategien, kann er bis heute

---

[5] vgl. Anlage 3
[6] vgl. § 136 Abs.2 i.V.m. § 137 Abs.1 SGB IX (Aufnahmevoraussetzungen in eine Werkstatt für Menschen mit Behinderung)
[7] vgl. § 3 Abs.2 WVO
[8] vgl. interner Brief, der Bereichsleitung für Bildung und Inklusion an die Eltern des Herrn X. Dem Bereich Bildung und Inklusion ist der Fachbereich Bildung und Inklusion untergeordnet.
[9] lt. Interner Mitteilung vom 09.12.2003 an die Bundesagentur für Arbeit München, die für die Zeit im Berufsbildungsbereich bei Herrn X Kostenträger nach dem SGB III gewesen ist, weil Herr X zuvor noch nie und in jedem Fall keine fünf Jahre zusammenhängend einer Tätigkeit auf dem ersten Arbeitsmarkt nachgegangen war.
[10] § 4 Abs.4 WVO
[11] vgl. Anlage 7
[12] laut Interner Mitteilung an den Bezirk Oberbayern, als künftigen Kostenträger nach dem SGB XII vom 09.12.05
[13] vgl. Anlage 6 und interne Ereignisprotokolle der Akte

nicht ablegen obwohl er bemerkt, sich durch deren Anwendung selbst in Probleme zu verstricken. Weil die Integration von Herrn X sowohl in der Berufsbildungsbereichszeit als auch während seiner Zeit im Arbeitsbereich in der Hauptwerkstatt der Lebenshilfe sich als Herausforderung erwies, wurde Herrn X mehrfach die Möglichkeit eingeräumt, im Rahmen eines internen Praktikums, den Arbeitsbereich zu wechseln. Hintergrund war, für ihn einen angemessenen Arbeitsplatz zu finden und seine Ängste vor anderen Rehabilitanden zu reduzieren, die mit ihm in der Hauptwerkstatt der Lebenshilfe Werkstatt GmbH arbeiteten. Auf Anraten des Sozialpädagogischen Fachdienstes zog Herr X von Juni bis Oktober 2011, nach über zehnjährigem Aufenthalt im Elternhaus, von zu Hause aus und begab sich auf richterliche Anordnung in eine teilstationäre Wohngruppeneinrichtung Zwischenraum e.V. Dies geschah, um Herrn X eine selbstbestimmte Lebensweise im Rahmen seiner behinderungsbedingt, limitierten Möglichkeiten zu eröffnen. Wann immer sich während dieser Zeit ein Fortschritt einstellte, holten die Eltern ihren Sohn jedoch wieder für eine gewisse Zeit zu sich, was Herr X gerne mit sich machen ließ, da er umsorgt werden wollte.[14] Der Sozialpädagogische Fachdienst kam daher durch diese Beobachtung, zu dem Schluss, dass sowohl die Mutter des Herrn X, als auch sein Vater sich nicht darauf einlassen können, ihren Sohn selbstständiger werden zu lassen und ihn ihrerseits gerne umsorgen. Bis heute habe es den Anschein, dass sowohl der verstorbene Vater als auch Mutter nie begriffen hätten, dass sie selbst mit ihrem Verhalten Teil des Problems sind.[15] So sind beide Eltern dafür mitverantwortlich, dass Strukturprobleme bestanden und weiterhin bestehen.

Hinzu kam dass Herr X zu unselbständig für das therapeutische Wohngruppenkonzept war und sich, nach Auskunft seines damaligen Wohngruppenbetreuers, nicht an vereinbarte Absprachen und Dienste halten konnte, für deren Umsetzung er verantwortlich gewesen wäre.[16] Diese Tatsache führte schließlich auch dazu, dass ihm in der Wohngruppe gekündigt wurde und er zu den Eltern zurückkehrte, wo er seither wohnt.[17] Eine geeignete Wohneinrichtung hat sich trotz intensiver Bemühungen[18] des Sozialpädagogischen Fachdienstes der ZWO bis heute nicht finden können. Am 01.08.2011[19] wird Herr X in die Bürodienstleistungsgruppe der ZWO versetzt, weil er zuvor ein Praktikum in der Bürogruppe in der Hauptstatt der Lebenshilfe Werkstatt GmbH absolviert hatte und

---

[14] vgl. Anlage 8
[15] Gespräch mit Sozialpädagogischem Fachdienst am 10.11.2014
[16] lt. Internem Ereignisprotokoll vom 02.11.2011
[17] vgl. Anlage 5
[18] lt. Internem Ereignisprotokoll vom 18.11.2011
[19] lt. Interner Versetzungsmittelung vom 29.07.2011

die ZWO einen engeren Betreuungsrahmen[20] für Herrn X, auch für dem Hintergrund seiner Mehrfachbehinderung bieten konnte. Es stellte sich jedoch heraus, dass Herr X aufgrund zahlreicher Konflikte mit anderen dort eingesetzten Rehabilitanden und deshalb, weil er die Anforderungen der Bürodienstleistungsgruppe nicht zu erfüllen vermochte, nicht für diese Arbeitsgruppe geeignet war. Er absolvierte ein Praktikum im Arbeitsbereich der Verpackung/ Montage der ZWO, welches ihm sehr gut gefiel.[21] Daraufhin wurde Herr X mit Wirkung vom 01.06.2012 in diesen Arbeitsbereich versetzt, was nebenbei half den Konflikten in der Bürodienstleistungsgruppe auszuweichen und seine Angst vor seinen Mitrehabilitanden der Bürodienstleistungsgruppe, mit denen er im Konflikt stand zu reduzieren.[22] Auch heute möchte er sich noch manchmal in die Hauptwerkstatt zurückversetzen lassen[23], wenn er sich einem Konflikt mit anderen Rehabilitanden stellen muss. Dabei vergisst er, dass es während seiner Zeit im Berufsbildungsbereich und auch anschließend im Arbeitsbereich der Hauptwerkstatt, ebenso immer wieder zu Konflikten auf zwischenmenschlicher Ebene kam, weil er sich schon damals nicht an Grenzen und Vorgaben hielt. Es wurde damals schließlich festgestellt, dass er in der Hauptwerkstatt der Lebenshilfe nicht angemessen betreut werden konnte[24] Auch wird diesem Wunsch nicht entsprochen, weil Herr X lernen soll, sich seinen Problemen zu stellen und damit seinem alten Konfliktbewältigungsmuster zu begegnen. In der ZWO erhält Herr X die empathische und strukturgebende Begleitung, die er benötigt, um sich und seine Fähigkeiten entwickeln zu können. In der ZWO wird er zum ersten Mal nicht zurückgewiesen und kann sich als Teil der Arbeitsgruppe Verpackung /Montage selbstwirksam erleben. Damit wird erreicht, ihn nicht in seinen negativen Grundannahmen zu bestätigen, um zu vermeiden, dass er in sein altes Konfliktbewältigungsmuster der Flucht – und der Vermeidung zurückfällt. Negative Grundannahmen sind beispielsweise: „Das schaffe ich sowieso nicht" oder „sie wird mich sowieso verlassen".

Menschen mit Persönlichkeitsstörung sind der festen Überzeugung keinen Fehler gemacht zu haben und durch ihr Verhalten ihre Probleme lösen zu können. Weil es ihm vor dem Hintergrund seines Handicaps an der Einsicht fehlt, für seine Probleme selbst wenigstens mitverantwortlich zu sein, müssen die institutionellen Rahmenbedingungen der WfbM deshalb

---

[20] TES – Betreuungsschlüssel: 1 Fachkraft auf 9 Rehabilitanden in der ZWO, als teilstationäres Angebot für Erwachsene mit seelischer Primärdiagnose. (vgl. internes Einrichtungskonzept) TE- Betreuungsschlüssel: 1 Fachkraft auf 12 Rehabilitanden im G-Bereich (Bereich für kognitiv beeinträchtigte Rehabilitanden in den übrigen Lebenshilfe Werkstatt GmbH Zweigstellen, an 6 Standorten.
[21] lt. Gespräch mit dem Sozialpädagogischen Fachdienst vom 08.12.2014
[22] In der ZWO gibt es gemäß interner Einrichtungskonzeption keinen eigenen Bereich für die Teilnehmer des Berufsbildungsbereiches. Ihre Plätze sind eingestreut in den Arbeitsbereich.
[23] lt. Internem Versetzungsgesuch vom 03.12.12
[24] Gespräch mit dem Sozialpädagogischen Fachdienst der ZWO am 12.11.2014

soweit als möglich auf die Bedürfnisse des Herrn X zugeschnitten werden. So kann auch er als „Grenzgänger" es schaffen, dauerhaft Teil einer Gruppe zu sein und immer wieder seinen Pflichten aus dem Werkstattvertrag mehr oder weniger nachzukommen. Seinen Arbeitsplatz in der ZWO wird er auch weiterhin halten können, weil sich seine Umgebung auf ihn einlässt und ihm eigene Spielräume und Gesetzmäßigkeiten gewährt. Dazu gehöre es Herrn X bewusst in der Werkstatt zu belassen, wenngleich seine Leistungsfähigkeit im Vergleich zu anderen Werkstattbeschäftigten, welche dieselbe Arbeit ausführen, eher gering sei. Er erziele im Rahmen der letzten Entgeltrunde vom November dieses Jahres nur 27 von 100 Entgeltpunkten und sei damit in die niedrigste Gehaltsstufe eingruppiert. Er erhalte damit im Vergleich zu seinen Mitrehabilitanden, welche die gleiche Arbeit ausführen wie er, den geringsten Lohn. Durchschnittlich würden immer über 50 Entgeltpunkte vergeben.[25]

3. Untersuchungsbefunde und fachliche Einschätzungen zur Erkrankung des Herrn X sowie deren Bedeutung für die berufliche Entwicklung

Auffällig ist der hohe Grad an Übereinstimmung der Diagnosen und fachlichen Einschätzungen, der für ihre Validität spricht. Auch wird an den teils längeren Zeiträumen, die zwischen den Untersuchungsbefunden und fachlichen Einschätzungen liegen und die für sich genommen nur kleine Fortschritte herausstellen klar, dass es sich um einen chronisch – progredienten Krankheitsverlauf handeln muss, bei dem nur kleine Schritte der Verbesserung über einen Zeitraum von mehreren Jahren erreicht werden können. Auch die bei Herrn X vorliegende Mehrfachbehinderung und damit auch die Komorbidität, also das zeitgleiche Vorhandensein mehrerer klar voneinander abgrenzbarer Symptombilder lassen eine Remission oder gar eine vollständige Heilung der Erkrankung kaum zu. Heilung ist auch deshalb unwahrscheinlich, weil sich die Krankheitsbilder wechselseitig negativ beeinflussen und die Unklarheit herrscht, welche Erkrankung bei Herrn X die Grund- und welche die Begleiterkrankung ist, die für die andere ursächlich war. Herr X wird mehrfach eine Persönlichkeitsstörung vom Typ F 61 diagnostiziert, eine leichte Intelligenzminderung mit deutlichen Verhaltensauffälligkeiten, die Beobachtung und Behandlung erfordern F 71.1 und die hypochondrische Störung F 45.2. Die Symptombilder führen insbesondere in Kombination dazu, dass die Fähigkeit Beziehungen einzugehen reduziert ist. Im

---

[25] laut Gespräch mit dem Sozialpädagogischen Fachdienst der ZWO vom 17.11.14

Rahmen der leichten Intelligenzminderung mit deutlichen Verhaltensauffälligkeiten sind Fähigkeiten, die sich auf die Bereiche Anpassungs-und Verständigungsfähigkeit beziehen häufig wesentlich eingeschränkt. Interessant ist in diesem Zusammenhang das der psychologische Fachdienst der Lebenshilfe Werkstatt die Intelligenzminderung des Herrn X als ursächlich für seine Unselbstständigkeit aber weniger als Ursache für seine Beziehungsunfähigkeit betrachtet.[26] Immerhin in bestimmten Lebensbereichen dürfte es, aufgrund der Intelligenzminderung und der daraus resultierenden Unselbständigkeit des Herrn X, zumindest zu einer enormen Belastung innerhalb von Beziehungen kommen. Dass, die hypochondrische Störung des Herrn X langfristig zu erheblichem Leiden und Behinderungen im sozialen Bereich führt kann belegt werden.[27] Auch die Persönlichkeitsstörung vom Typ F 61 ist per Definition, genauso wie alle anderen Persönlichkeitsstörungen dafür bekannt, dass sie auf zwischenmenschlicher Ebene Probleme verursacht[28]. Es handelt sich bei der Diagnose von Herrn X um eine kombinierte Persönlichkeitsstörung. Sie vereint Symptome unterschiedlicher spezifischer Persönlichkeitsstörungen unter F 60, ohne das ein eindeutiges Symptombild für eine spezifische Persönlichkeitsstörung zutreffen würde.[29] Die Grundannahme für die Entwicklung einer Persönlichkeitsstörung ist, dass menschlich unabdingbare Beziehungsmotive[30] entweder bereits in frühester Kindheit und Jugend gar nicht, oder im Übermaß erfüllt wurden. Daneben gibt es Grundbedürfnisse wie Selbstaktualisierung, Selbstkontrolle, Bindung und Autonomie, die jeder gesunde Mensch situationsgerecht, mal mehr und mal weniger gut ausleben kann.[31] Von Persönlichkeitsstörung betroffene Menschen möchten ihre eigenen Erwartungen, die sie mit einer Beziehung fortwährend ausleben. Sie äußern ihre Bedürfnisse permanent, auch situationsunangemessen und sind nicht in der Lage, eigene Bedürfnisse aus Interesse am Beziehungserhalt zurückzustellen. Häufig führt ihr schematisches und meist unangepasstes Verhaltensmuster, welches situationsübergreifend und ziellos Anwendung findet, zu Konflikten und im schlimmsten Fall sogar zu Beziehungsabbrüchen. Dies ist immer dann der Fall, wenn das Verhaltensmuster nicht zur gegebenen Situation passt und Außenstehende das Verhalten auch als

---

[26] vgl. Anlage 8
[27] vgl. Klaus, Paulitsch (2009): Grundlagen der ICD-10 Diagnostik,196
[28] vgl. Matthias Hammer/Irmgard Plößl (2012): Irre verständlich. Menschen mit psychischer Erkrankung wirksam unterstützen,126 und Anlage 8
[29] vgl. H.Dilling /W. Mombour et al. (Hrsg.):Internationale Klassifikation psychischer Störungen. ICD-10 Kapitel V(F) Klinisch – diagnostische Leitlinien, 284
[30] Sachse (2006) zitiert in Matthias Hammer/Irmgard Plößl (2012): Irre verständlich. Menschen mit psychischer Erkrankung wirksam unterstützen, 122-145:[…] Anerkennung, Wertschätzung, Respektieren eigener Grenzen, Solidarität, Verlässlichkeit
[31] vgl., ebd.

unangepasst und nicht normkonform erleben. Starre und nicht zu verändernde schematisierte Verhaltensmuster sind schwer abzustellen, weil sie sich im Lebensverlauf aus Überzeugungen und Erfahrungen von Betroffenen, wie Herrn X herausgebildet haben. Diese hartnäckigen Verhaltensmuster basieren auf ungünstigen Grundannahmen über die eigene Person und die eigenen Fertigkeiten. Sie schieben die Schuld anderen zu, was es enorm schwer macht alternative Verhaltensmuster zu etablieren, weil es ihnen an Krankheitseinsicht, nicht aber an Leidensdruck fehlt. Betroffene und deren Angehörige merken dabei sehr wohl, dass sie sich in wiederkehrende Problemstellungen verstricken (Leidensdruck). Sie empfinden ihre Persönlichkeitsstörung als zu sich gehörend und normal. Insgesamt kann festgehalten werden, dass die Wahrscheinlichkeit eine Persönlichkeitsstörung auszubilden steigt, je ungünstiger die Umgebungsbedingungen und je labiler die betroffene Person ist[32] Es charakterisiert, die Persönlichkeitsstörung des Herrn X außerdem im Speziellen, dass ein gestörtes Kontaktverhalten, ein Bestandteil davon ist. Dieses gestörte Kontaktverhalten drückt sich dadurch aus, dass er zu den Menschen in seiner Umgebung unangemessen Nähe sucht. Er starrt seine Kontaktpartner an und fixiert sie, was mitunter sehr verstörend wirken kann.[33] In Kombination mit der Distanzlosigkeit eignet sich ein derartig problematisches Kontaktanbahnungsverhalten dazu, entstehende Beziehungen im Keim zu ersticken. Er beginnt zügig die Person in seine Vorstellungen einzuweihen und Probleme vorschnell mitzuteilen, auch dann wenn er sie noch nicht lange kennt. Ambivalent dazu, kann er zu anderen Personen gar keinen Kontakt aufbauen und entwickelt eine geradezu feindselige Haltung gegen bestimmte Personen, für die es keine plausible Erklärung gibt. Er selektiert somit seine Kontakte in die, mit denen er nichts zu tun haben will und in solche, mit denen er Kontakt haben möchte, was zunächst normal zu sein scheint. Jedoch verscherzt er es sich häufig durch distanzloses Ausfragen auch mit denen, welchen er wohlgesonnen ist. Ich kann bereits im Rahmen unseres ersten Kontaktes schnell bemerken, wie Herr X mich versucht mir Fragen zu stellen, die einem normalen distanzierten Umgang vermissen lassen und mir unangenehm sind.[34]Diese Distanzlosigkeit wurde mehrfach festgestellt und bewirkt häufig, dass Menschen mit denen Herr X kommunizieren möchte, sich von ihm abwenden, besonders wenn sie ihn noch nicht länger kennen, sich einen distanzierten Kontakt wünschen und sich von ihm dann belästigt fühlen. Er wiederrum fühlt sich belästigt von denen mit denen er keinen Kontakt haben möchte. Sie sind ihm

---

[32] vgl., ebd.

[33] vgl. Anlage 8
[34] vgl. Anlage 1

vielfach zu laut oder zu aggressiv, sodass er es mit der Angst vor ihnen zu tun bekommt.[35] Auch die Konzentrationsfähigkeit und seine Ausdauer werden professionsübergreifend und fortwährend als ausbaufähig eingestuft.[36] Der medizinische Dienst des Arbeitsamtes erwähnt ein Konflikt- und situationsvermeidendes Verhalten[37], was in seinem Lebenslauf als sein Konfliktbewältigungsmuster hervortritt. Auch wird ihm geringe Frustrationstoleranz, also ein Mangel Durchhaltevermögen und Ausdauer mehrfach bescheinigt.[38] Seine Fähigkeiten werden an der Untergrenze zur Lernbehinderung eingestuft[39], was damit korrespondiert, dass bei ihm eine leichte Intelligenzminderung festgestellt wurde, die zudem mit deutlichen Verhaltensstörungen einhergeht.[40] Merkfähigkeit und Auffassungsgabe[41] sind eingeschränkt. Dies korrespondiert mit der Annahme das sein abstraktes genauso wie sein formales Denken eingeengt sind.[42] Das bedeutet, dass es schwierig ist mit Herrn X neue Themen, die im fremd sind zu besprechen, weil der inhaltliche Denkumfang und die geistige Flexibilität eingeschränkt sind. Herr X befindet sich auf einem Entwicklungsstand zwischen 9 und 12 Jahren, bei einem IQ von 62. Die Intelligenzminderung ist gekennzeichnet durch eine in der Entwicklung manifestierende, stehen gebliebene oder unvollständige Entwicklung der geistigen Fähigkeiten, mit besonderer Beeinträchtigung von Fertigkeiten, die zum Intelligenzniveau beitragen, wie z.B. Kognition, Sprache, motorische und soziale Fähigkeiten. Hauptschwierigkeiten treten beim Erlernen von Kulturtechniken auf. Die Fähigkeit zur Selbstversorgung und der Ausführung lebenspraktischer Aufgaben bereitet keine Probleme, auch wenn die Entwicklung deutlich verzögert ist.[43] Eine hypochondrische Störung F 45.2 wird Herrn X ebenso mehrfach diagnostiziert. Sie ist charakterisiert durch die beharrliche Beschäftigung mit der Möglichkeit an einer schwerwiegenden Erkrankung zu leiden. Die ständige Weigerung des Betroffenen die Versicherungen der untersuchenden Ärzte anzunehmen, gehört zum Krankheitsbild. Wichtig ist bei dieser Störung, dass normale oder allgemeine Empfindungen und Erscheinungen, durch den Hypochonder oft als abnorm oder belastend interpretiert werden und sich seine Aufmerksamkeit meist auf nur ein oder

---

[35]vgl. Anlage 8
[36] vgl. Anlage 2,4 und 7
[37] vgl. Anlage 3
[38] vgl. Anlage 2 und Anlage 4
[39] vgl. Anlage 4
[40] vgl. Anlage 2
[41] Anlage 2 und 4
[42] vgl. Anlage 2
[43] vgl. H.Dilling /W. Mombour et al. (Hrsg.):Internationale Klassifikation psychischer Störungen. ICD-10 Kapitel V(F) Klinisch – diagnostische Leitlinien, 308-310

zwei Organe oder Organsysteme fokussiert, wenngleich pathologisch nachweisbare Beschwerden nicht vorhanden sind.[44] Auf die Behandlung mit Medikamenten zur Bekämpfung der vermeintlichen Erkrankung verzichtet der Hypochonder gänzlich, da er vor den Nebenwirkungen der Medikamente Angst hat.[45]Festgestellt wird auch, dass Herr X kaum Kontrolle über sein eigenes Verhalten hat, weil er sich und sein Verhalten nicht zu reflektieren vermag[46]. Deshalb ist er selbst kaum in der Lage sein Verhalten angemessen zu steuern, um es der Situation anzupassen (Mangel an Introspektionsfähigkeit[47]). Beispielsweise versichert er sich fortwährend ob ein Witz den er gemacht hat, keinen anderen Rehabilitanden in seiner Umgebung verletzt hat, wenn gleich es dafür keinen Anlass gibt, weil sich niemand verletzt fühlt. Herr X wird mehrfach wird er als jemand beschrieben, der emotional instabil ist[48] mit wechselhaftem Antrieb[49] beschrieben. Herrn X werden soziale Kompetenzen im Bereich des Benehmens und eine Freundlichkeit im Kontakt bescheinigt.[50] Herr X wird als zeitlich, örtlich und situativ orientiert eingestuft (allseitige Orientierung).[51]

4. Meine Erfahrungen mit Herrn X und seine Ressourcen

Ich erlebe Herrn X als einen Menschen, der auf den zweiten Blick mit vielen Ressourcen aufwartet, denn vordergründig zeichnet er sich durch verschiedene herausfordernde Verhaltensweisen aus.[52] Diese herausfordernden Verhaltensweisen liegen in seinen Behinderungsbildern begründet. Im Kontakt verhält sich Herr X häufig situationsunangemessen, seine Distanzlosigkeit und die Tatsache, dass er sehr auf seine Gesundheit bedacht ist fallen mir auf. Seine Aufmerksamkeit ist deutlich reduziert. Er ist behinderungsbedingt sehr unselbstständig und auf Hilfe und Zuwendung von außen angewiesen[53]. In seinem Auftreten wirkt er häufig selbstunsicher und wenig selbstbewusst. Die Übernahme von Eigenverantwortung für sich selbst, wäre wichtig für ihn, um mehr Eigenständigkeit zu erlangen[54] und selbstbewusster zu werden. Bei Herrn X werden trotz eklatanter

---

[44] vgl. ebd., 228-229
[45] vgl. Klaus Paulitsch (2009): Grundlagen der ICD-10 Diagnostik, 193-197
[46] vgl. Anlage 2
[47] vgl.Gering/Zimbardo (2008):Psychologie, 40
[48] vgl. Anlage 2 und 4
[49] vgl. Anlage 2
[50] vgl. Anlage 2 und 8
[51] vgl. Anlage 2
[52] vgl. Anlage 1
[53] vgl. Anlage 1.3 und 8
[54] vgl. Anlage 1, 3 und 4

behinderungsbedingter Einschränkungen folgende interne als auch externe Ressourcen für mich sichtbar: Interne Ressourcen des Systems: Er zeigt Bereitschaft zur Teilnahme an der Maßnahme, die eine Leistung der Teilhabe am Arbeitsleben ist und erscheint zumindest zur Arbeit. Dies so denke ich ist schon eine wichtige Grundhaltung, die zur Zusammenarbeit mit ihm in einem beruflichen Rehabilitationskontext elementare Voraussetzung ist. Herr X kann sehr beharrlich und insistierend sein, wenn er etwas erreichen möchte. So steht er für seine Bedürfnisse ein. Er ist außerdem aufgeschlossen und sucht Kontakt zu anderen. Herr X verspürt einen Leidensdruck und sucht sich dadurch Hilfe. Er ist im Kontakt, sofern er mit jemand eine Beziehung eingehen möchte, sehr freundlich. Durch seine charmante und freundliche Art schafft er es, dass andere sich ihm zuwenden und ihm seine Verantwortung abnehmen. Des Weiteren akzeptiert er gerne Unterstützung und nimmt Hilfe an. Externe Ressourcen des Systems: Die Mutter von Herrn X, für die er regelmäßig Einkäufe und Besorgungen erledigt, die ihm sehr wichtig ist, stellt eine wichtige Ressource dar, wenngleich sie durch ihr Verhalten auch dazu beträgt, dass die Unselbstständigkeit des Herrn X aufrecht erhalten wird. Immerhin befürwortet sie die berufliche Reha in der ZWO und weckt ihn jeden Morgen, damit er pünktlich zur Arbeit kommt. Der Bruder, welcher in der Nachbarschaft wohnt und trotz eigener Familie, bei Bedarf auf seinen jüngeren Bruder achtet, ist auch sehr wichtig für Herrn X. Die Sicherheit in der ZWO einen Arbeitgeber gefunden zu haben, der sich auf seine Bedingungen einlässt, ihn nicht zurückweist und seinen Lebensentwurf annimmt ohne darüber zu urteilen ist auch ein zentraler und bedeutsamer Faktor. Herr X lässt sich extrinsisch motivieren und ist gut einlenkbar, auch wenn die Motivation zumeist sehr schwankend ist. Seine Ressourcen müssen gestärkt werden, da sie Grundlage für eine positive Entwicklung sind und generell im psychiatrischen Kontext in der Vergangenheit zu wenig auf die Fähigkeiten der Betroffenen geachtet wurde.[55] Systemtheoretisch gesprochen, geht es bei Herrn X, der als autopoetisches System den Drang zum Selbsterhalt hat[56] darum einen Zustand zu finden, zwischen Beharrlichkeit und Veränderung. [57] Dies geschieht zur Stabilisierung des Systems und damit zum Zweck des Systemerhalts. Es ist nur so viel Veränderung möglich, wie Herr X zulässt. Es soll ihm ein Gefühl der optimalen Arbeitsbelastung vermittelt werden, die ihn weder über-noch unterfordert. Über- und Unterforderung bedeutet für Menschen Stress und psychisch kranke Menschen können durch Stress in Krisen zurückfallen, die bereits überwunden

---

[55] vgl. Andreas Knuf/Ulrich Seibert (2001):Selbstbefähigung fördern. Empowerment und psychiatrische Arbeit, 44

[56] vgl. Arist von Schlippe/Jochen Schweitzer (2013): Lehrbuch der systemischen Therapie und Beratung I. Das Grundlagenwissen, 111-112

[57] vgl. Arist von Schlippe/Jochen Schweitzer (2013): Lehrbuch der systemischen Therapie und Beratung I. Das Grundlagenwissen, 104

haben, sodass sie in der Folge zunächst wieder handlungsunfähig sein können. „Eine psychische Erkrankung wird ausgelöst, wenn eine Person (B$_i$) mit einer angeborenen Verletzlichkeit mit so starken Belastungen konfrontiert wird, dass die erlebte Stressreaktion eine kritische Grenze überschreitet."[58] Aufgrund der chronisch –progredienten psychischen Erkrankung des Herrn X, können Veränderungen nur im Kleinen über einen längeren Zeitraum erwartet werden, wenn das System weiterhin bestehen soll. Dies lässt sich auch mit den zurückliegenden drei Entwicklungsplänen[59] belegen, die mithilfe einer vorangegangenen Kompetenzanalyse[60] erstellt wurden.[61] Deshalb muss sich die Umgebung daher Herrn X anpassen und ihm häufig seine eigenen Gesetzmäßigkeiten und Maßstäbe zugestehen, weil er gerade aufgrund in seiner Persönlichkeitsstörung F 61, aber auch in seinen hypochondrischen Verhaltensweisen F 45.2 und seiner leichten Intelligenzminderung mit deutlichen Verhaltensauffälligkeiten F 71.1, häufig Beziehungsabbrüche erlebt hat. Die Erwartung gegenüber Herrn X muss für ihn nach seinen Maßstäben zu bewältigen sein, damit er der beruflichen Rehabilitationsmaßnahme Werkstatt nicht fernbleibt oder sogar die Beziehung durch Kündigung des Werkstattvertrages auflöst. Die ZWO und Herr X müssen wechselseitig ihren Beitrag dazu leisten und ihre voneinander abweichende Sinngebung entlang der die jeweilige Systemgrenze verläuft[62], die auf einer bestimmten Systemlogik aufbaut gegenseitig tolerieren, damit es zu keinen Problemen oder Friktionen an den Grenzen des Systems kommt, die Herr X dann mit seinem Konfliktbewältigungsmuster angehen würde. Ein Abbruch der Arbeitsbeziehung zwischen Werkstatt und Herrn X würde ihm nur ein weiteres Misserfolgserlebnis bescheren und ihn in seinen negativen Grundannahmen über sich selbst bestätigen. Flucht- und Vermeidungsstrategie des Herrn X würden damit, wie erwähnt getriggert. Aus diesem Grund, geht es bei ihm vor allem um den Erhalt der Leistungsfähigkeit und den Ausbau vorhandener Ressourcen. So kann er möglichst lange von einer stabilen und verlässlichen Arbeitsbeziehung profitieren. Ein Teil der von mir angestrebten Veränderungen waren in der Kürze

---

[58] Irmgard Plößl/Mattias Hammer (2013): ZERA –Zusammenhang zwischen Erkrankung, Rehabilitation und Arbeit. Ein Gruppentrainingsprogramm zur Unterstützung der beruflichen Rehabilitation von Menschen mit psychischer Erkrankung.57
[59] Im Entwicklungsplan werden in einer WfbM, jeweils für ein Jahr, auf Basis einer Kompetenzanalyse, die ein Fähigkeitsprofil des Rehabilitanden ermittelt, individuelle Förderziele festgeschrieben. Im Berufsbildungsbereich werden die Ziele halbjährlich festgesetzt.
[60] Unter einer Kompetenzanalyse versteht man die Ermittlung eines Fähigkeitsprofils in Abstimmung mit dem Rehabilitanden durch Fachdienst Berufliche Bildung oder zuständige Gruppenleiter. Ressourcen werden so zur Grundlage für Zielsetzungen in Entwicklungsplänen.
[61] vgl. Anlage 9, 10 und 11
[62] Arist von Schlippe/Jochen Schweitzer (2013): Lehrbuch der systemischen Therapie und Beratung I. Das Grundlagenwissen. 101-103

der Zeit meines Praktikums nicht umsetzbar, wie zum Beispiel ein besseres Verhältnis zu den anderen Rehabilitanden oder das Einhalten von Pünktlichkeit oder der Ausbau seiner Konzentrations- und Merkfähigkeit. Über mehrere Jahre sehe ich jedoch durchaus Verbesserungspotential, wenn Herr X weiterhin die emphatische und strukturgebende Begleitung erhält die im durch die ZWO gegeben wird.

5. Quellenangaben

Akte des Herrn X (auszugsweise exzerpiert und anonymisiert im Anhang ansonsten intern)

Entwicklungspläne von Herrn X zurück bis 2012 (Anlage)

Einrichtungskonzept und Erweiterungskonzept der ZWO (internes Dokument)

Gespräche mit dem Sozialpädagogischen Fachdienst, den zuständigen Gruppenleitern und dem Fachdienst Berufliche Bildung.

Literatur:

Das gesamte Sozialgesetzbuch SGB I bis XII. Mit Durchführungsverordnungen, Wohngeldgesetz (WoGG) und Sozialgerichtsgesetz (SGG), 18. Auflage 2014, Walhalla Verlag Regensburg

H. Dilling/W. Mombour et al. (Hrsg): Internationale Klassifikation psychischer Störungen. ICD-10 Kapitel V(F) Klinisch – diagnostische Leitlinien, 9. Auflage 2014, Hans Huber Verlag Bern (Schweiz)

Gerrig/Zimbardo: Psychologie, 18. aktualisierte Auflage 2008, Addison-Wesley Verlag, Deutsche Edition Pearson GmbH, Halbergmoos (Deutschland)

Matthias Hammer /Irmgard Plößl (2012):Irre verständlich. Menschen mit psychischer Erkrankung wirksam unterstützen, 2. Auflage 2013: Psychiatrie Verlag GmbH, Köln

Klaus, Paulitsch (2009): Grundlagen der ICD-10 Diagnostik,1. Auflage 2009, Facultas Verlags-und Buchhandels AG, facultas.wuv, Wien (Austria)

Irmgard Plößl/Mattias Hammer (2013):ZERA. Zusammenhang zwischen Erkrankung, Rehabilitation und Arbeit, 6. Auflage 2013: Psychiatrie Verlag GmbH, Köln

Arist von Schlippe/Jochen Schweitzer(2013): Lehrbuch der systemischen Therapie und Beratung I. Das Grundlagenwissen, 2.Auflage 2013, Vandenhoeck & Rupprecht GmbH & Co. KG, Göttingen

Internetquellen:

Werkstättenverordnung (WVO):

Url: http://www.gesetze-im-internet.de/schwbwv/ abgerufen am 24.11.14, um 02.40 Uhr

Anhang zum Zielgruppenbericht

Anmerkung zum Anhang: Sämtliche Befunde von Herrn X entsprechen dem Original aus seiner Akte. Sie wurden von mir nachträglich zum Zweck der Berichtserstellung anonymisiert, um sie zitieren zu können, ohne gegen Auflagen des Datenschutzes zu verstoßen. Die Geburtsdaten erwähnter Personen wurden leicht verändert und auf den richtigen Namen des Herrn X wird aus Datenschutzgründen ebenso verzichtet. Der diagnostizierende Facharzt oder Psychologe wird namentlich nicht erwähnt. Ausdrücklich als intern gekennzeichnete Quellen, wie Ereignisprotokolle oder Einrichtungskonzeption werden als Quellen nicht zur Verfügung gestellt, da es sich auch hierbei um sensible und vertrauliche Dokumente handelt gegen deren Veröffentlichung auch datenschutzrechtliche Gründe sprechen. Die hier abgedruckten Entwicklungspläne wurden ebenso anonymisiert und entsprechen inhaltlich dem Original. Sie zeigen die Ergebnisse der Entwicklungsplangespräche von 3 Jahren und geben damit zum Zweck der Berichtserstellung aus meiner Sicht hinreichend Auskünfte darüber, welche Ziele in Bezug auf die berufliche Rehabilitation in diesem Zeitraum realisiert werden konnten.

Anlage 1 : Verlaufsprotokoll meiner pädagogischen Interventionen und des pädagogischen Prozesses bei Herrn X in Auszügen mit Stand vom 16.12.2014

Seit mein Praktikum am 04.08.2014 begonnen hat, erlebe ich Herr X im Bereich der Verpackung und Montage der ZWO, wo er seit seiner Versetzung aus der Bürodienstleistung seinen festen Arbeitsplatz hat. Mit seinem derzeitigen Arbeitsplatz ist er, nach eigenen Angaben auch sehr zufrieden. Herr X montiert an seinem Arbeitsplatz Batterieentgasungsschläuche für den Autobauer BMW. Nur durch mein aufmerksames Zuhören und das zur Kenntnisnehmen seiner Probleme entsteht zwischen uns eine Vertrauensbasis. Sobald ich an seinem Arbeitsplatz vorbeigehe, unterbricht er seine Arbeit, sieht in Richtung zu mir und bedeutet mir mit Gestik und Mimik, dass er mir etwas Wichtiges mitteilen möchte. Zunächst lasse ich mich darauf ein, zumal ich erreichen möchte, dass sich die Vertrauensbasis weiter festigt, damit eine Zusammenarbeit mit ihm fruchtbar werden kann. Bald merke ich, wie er jede Gelegenheit nutzt mit mir Kontakt aufzunehmen, auch dann wenn ich nur in seine Richtung blicke oder an seinem Arbeitsplatz vorbeilaufe. Seine Ausdrucksweise und Wortwahl erlebe ich meist als adäquat und der Situation angemessen. Viele seiner zahlreichen Fragen an mich sind jedoch im Rahmen unseres Erstkontaktes lassen übliche Distanziertheit vermissen und passen nicht zur Situation in der Arbeit. Meinerseits ist somit zunächst eine klare Grenzsetzung mit entsprechender Begründung notwendig. So möchte Herr X wissen, ob ich Drogen nehme oder Alkohol trinke oder eine Freundin habe. Ich sage ihm, dass ich derartige Fragen in einem ersten Gespräch und außerdem im aktuellen beruflichen Kontext mit ihm nicht beantworten möchte. Ich bitte ihn dafür um Verständnis, denn schließlich müssten wir uns erst kennenlernen und auch dann wäre ich nur bereit ihm einen Teil der Fragen zu einem passenden Zeitpunkt zu beantworten. Er ist leicht ablenkbar, wie mir auffällt. Wenn er seinen Focus auf andere Dinge als die Arbeit lenkt, so stelle ich fest, schleichen sich zunehmend Fehler in seine Arbeitsergebnisse ein. Diese bessert er aus, wenn ich ihn darauf hinweise, dass er einen Batterieentgasungsschlauch noch einmal überprüfen und ausbessern muss. Ich sammle deshalb die vermeintlich fertigen Batterieschläuche, und lege sie ihm wieder vor. Er zeigt mir dann, wie er sie korrigieren muss, damit das Arbeitsergebnis zufriedenstellend ist. Ich produziere daraufhin absichtlich einige Batterieentgasungsschläuche falsch, um meine These zu überprüfen, die besagt, dass er eigentlich weiß, wie es richtig geht. Dazu stecke ich die Winkelstücke mehrfach falsch herum auf die P-Röhrchen und zeige mein Resultat. Herrn X zeigt mir sofort, wie es richtig funktioniert. Mir fällt weiter auf, dass er während der Arbeit häufig sehr schnell seine Erkrankungen thematisiert und von mir auch Ratschläge haben möchte, ob er bestimmte Operationen durchführen soll oder er gibt mir selbst Tipps für Kliniken in denen er selbst schon Erfahrungen gesammelt hat. Besonders schätze Herr X das Klinikum Großhandern, so teilt er mir mit. Ich sage ihm, dass ich mich gesund fühle und keinen Klinikaufenthalt benötigen würde. Er lässt mich wissen, dass er dort in seinem kommenden Urlaub wieder hingehen würde. Ich gebe ihm zu bedenken, dass manche Menschen kränker aus dem Krankenhaus entlassen wurden, als sie eingeliefert wurden, etwa durch Ärztepfusch oder aber durch multiresistente Keime. Ich rate ihm dass es besser wäre, keine Krankenhäuser aufzusuchen oder ärztliche Behandlungen sowie operative Eingriffe vornehmen zu lassen, wenn kein Arzt ihm dazu rät und es sich vermeiden lässt. Außerdem so stelle ich fest, gäbe es weitaus schönere Freizeitbeschäftigungen. Ich frage ihn nach seinen Hobbys und er vergisst für den Moment tatsächlich, mir Ratschläge für meine nächsten potentiellen Krankenhausaufenthalte zu geben oder mir von seinen Operationen zu erzählen und mich dazu zu befragen. Nur zu einem

Bruchteil sollten diese von ihm beschriebenen operativen Eingriffe sollten bei ihm auch tatsächlich stattfinden, waren also vielfach auch erfunden. Dies zeigt schon dass Herr X große Angst vor Erkrankungen hat, die aber eigentlich unbegründet ist, weil er die krankheitstypischen Beschwerden fehlen. Diese Angst kann nicht allein durch gutes Zureden und Beruhigen genommen werden, da Herr X sehr überzeugt ist, an einer Erkrankung zu leiden oder diese in Zukunft zu bekommen. Kleinste Symptome, werden überbewertet und fehlinterpretiert. Es gelingt mir nur kurzzeitig, durch die Nachfrage nach seinen Hobbys über sonstige alltagsrelevante Themen, wie das Wetter oder seine Familie zu sprechen. So erfahre ich, dass er seine Freizeit gerne auf Flohmärkten verbringt, für seine Mutter regelmäßig einkaufen geht und auch, dass er gerne selbstgemachten Kuchen der Mutter isst und der Vater nicht mehr lebt. Dies sei für Herrn X immer noch sehr belastend und bereite ihm mitunter noch großen Kummer, so erzählt er mir. Nach einem etwa fünfzehnminütigen Gespräch frägt er mich unvermittelt, ob er blass sei und ich meine zu ihm, dass er doch gar nicht blass sein kann, weil wir uns die letzte viertel Stunde so nett unterhalten haben und dies könne ihn doch wohl nicht so überanstrengt haben, dass er nun ein blasses Gesicht habe. Daraufhin antwortet er mir, dass er eine gute Gesichtsfarbe habe und gar nicht blass aussähe. Ich bin in diesem Moment aufrichtig stolz auf Herrn X, weil er sich die Frage nach seiner Blässe selbst beantwortet hat und dafür zumindest für den Moment keine Bestätigung braucht. Ich lobe ihn aufrichtig für diese Feststellung seinerseits, dass er eine gute Gesichtsfarbe hat und nicht blass ist. Ich versuche ihn zu motivieren, sich wieder auf seine eigentliche Arbeit zu konzentrieren, was mir auch gelingt. Auf die Frage hin, ob ihm seine Tätigkeit, das Produzieren von Entgasungsschläuchen gefällt, antwortet er ausweichend mit einem Kopfnicken. Dieses Kopfnicken nehme ich zur Kenntnis und frage ihn, wie es dann komme, dass sich in seine Arbeitsergebnisse offensichtlich viele Fehler einschleichen hättem und dies auch noch vor dem Hintergrund, dass er ja grundsätzlich wisse, wie ein Batterieentgasungsschlauch tatsächlich auszusehen habe. Schließlich, so sage ich ihm, habe er es mir ja selbst demonstriert und mich erfolgreich bei der Herstellung eines Batterieentgasungsschlauches zuvor korrigiert. Er verspricht sich zu bessern und sich zukünftig mehr anzustrengen. Ich sage ihm, dass das nicht die Antwort auf meine Frage sei und stelle ihm erneut die Frage, wie sich so viele offensichtliche Fehler einschleichen würden. Er weiß auf meine Frage keine Antwort und antwortet mir stattdessen mit einer Gegenfrage zu seiner nächsten

Operation. Er teilt mir mit, dass er vorhabe sich einer Nasenoperation zu unterziehen und möchte von mir wissen was ich davon halte. Als ich interessiert nachfrage, was denn mit operierter Nase anders sei als vor der Operation, meinte er, dass seine Nase viel zu groß sei. Ich lasse ihn wissen, dass ich seine Idee mit der Nasenoperation nicht nachvollziehen könne und ich sähe außerdem aus meiner Sicht heraus keinen Grund dafür. Er fragte mich, ob ich seine Nase dann schön fände und ich sagte ihm, er habe eine ganz normale Nase, die er sich durch eine derartige Operation, wenn sie schief laufen würde, nur verunstalten könne. Er bedankte sich bei mir und ich sagte ihm, dass es jetzt besser sei, er würde sich wieder an seine Arbeit machen, was er dann auch tat. Ungefragt unterbricht er seine Arbeit berichtet mir plötzlich von seinen Ausflügen zu MacDonalds oder Burger King und scheint hierfür eine ausgeprägte Vorliebe zu haben. Meinen Hinweis sich von seinem Geld im Discounter lieber gesunde Vollwertkost zu kaufen, tut er mit dem Hinweis ab, dass er nicht so viel Geld habe und auch nicht selbst kochen wolle. Ich weise ihn daraufhin, dass ein Besuch im Fastfood Restaurant unter Umständen teurer sei, als gesunde Vollwertkost, die er sich selber zubereite. Auch, so gebe ich im zu bedenken, passe der Hang zum Fastfood für nicht zu der Tatsache, dass er sehr auf seine Gesundheit bedacht sei. So ein Burger Patty sei mitunter von fragwürdiger Qualität und außerdem habe ein Fastfood Menü sehr viele Kalorien und sei sehr fettig. Wenn er sich an einem Arbeitsplatz wohlfühle, so teile ich ihm mit, müsse er alles für seinen Erhalt tun, dazu gehöre, dass er bei der Arbeit sich auch mit der Arbeit befasse und so seinen Beitrag dazu leiste. Er nickt und stellt als Antwort einen fehlerfreien Entgasungsschlauch her. Ich verlasse ihn, wende mich den übrigen Rehabilitanden im Arbeitsbereich Verpackung /Montage zu und kehre gegen Ende des Arbeitstages zurück. Ich muss leider feststellen, dass sich viele Fehlproduktionen in seiner Kiste mit den fertigen Batterieentgasungsschläuchen befinden. In Absprache mit den Gruppenleitern lege ich fest, dass Herr X für jeden Schlauch den er falsch produziert, einen zusätzlichen machen muss. Er bemerkt, dass er dann nicht pünktlich nach Hause kommt. Er protestiert und möchte wissen, ob ich überhaupt befugt sei, über ihn zu bestimmen. Er steht entrüstet auf und geht ins Gruppenleiterbüro, um zu erfahren, dass er sich meiner Anordnung fügen muss und dass er es selbst in der Hand habe, ob er künftig pünktlich nach Hause gehen könne. Am nächsten Tag kommt er unpünktlich zum Dienst. Mir erzählt er, dass er heute verschlafen habe. Dieser Rechtfertigung gehe ich nach und suche meine Anleiterin auf, die mir sagt, dass sich die Mutter zuverlässig dafür sorgt, dass er morgens rechtzeitig aufsteht. Ich lasse mir nichts anmerken, kehre zu Herrn X zurück und versuche ihn wiederrum zu motivieren, konzentriert seiner Arbeit nachzugehen. Heute ist X wieder leicht ablenkbar und er versucht, mit den Mitbeschäftigten hinter sich und neben sich zeitgleich in Kontakt zu kommen, die ihn von sich aus darauf hinweisen, dass er sich auf seine Arbeit konzentrieren solle. Als dieser Hinweis nicht hilft und Herr X versucht sich nun über eine Werkbank hinweg anderen Werkstattbeschäftigten mitzuteilen. Ich spreche ich mit den, für Herrn X zuständigen Gruppenleitern und offenbare meine Absicht, die Konzentration von Herrn X durch Reizreduktion auf die Arbeit zu richten. Wir stellen daraufhin, gemeinsam eine Stellwand zwischen Herrn X und die neben ihm sitzende Werkstattbeschäftigte Frau A. Ich setze mich auf die andere Werkbankseite, so dass er mir ins Gesicht sehen muss, wenn er aufblickt. Es gelingt mir seine Aufmerksamkeit zumindest über einen längeren Zeitraum auf seine Arbeit zu lenken, in dem ich ihm die Wichtigkeit seiner Funktion und seines Arbeitsplatzes bewusst mache. Wir können uns sogar währenddessen Herr X seine Arbeit verrichtet, über alltagsrelevante Themen unterhalten, wenngleich er zumindest versucht wieder seine Krankheiten zu pflegen. Ich frage ihn, wozu er heute in die Werkstatt gekommen sei. Wenn er krank wäre, so müsse er zu Hause bleiben und seine Erkrankung mithilfe eines Attestes nachweisen. Ich erinnere ihn dass er sich während der Arbeitszeit lieber mit der Arbeit befassen soll, damit er heute pünktlich nach Hause kann. Ich versuche ihn zu motivieren, in dem ich zusammen mit ihm Batterieentgasungsschläuche fertige. Tatsächlich gelingt es mir, für kurze Zeit seinen Focus wieder auf die Arbeit zu lenken, wobei ich genau darauf achte, ob die Arbeitsergebnisse fehlerfrei sind. Die fehlerhaften Batterieentgasungsschläuche sortiere ich aus und konfrontiere ihn damit. Er verspricht, sich zu verbessern und produziert wieder einige korrekt, bis er schließlich den Ring an meinem Finger entdeckt, was ihn die Arbeit unterbrechen lässt. Er frägt mich, ob ich eine Freundin habe. Ich sage, dass ich es ihm erzähle, wenn er nebenbei weiterarbeitet. Ich erzähle ihm, dass ich seit 2012 mit einer Filipina glücklich verheiratet sei. Ich sage ihm, dass die Zeit, in der meine Frau und ich noch voneinander getrennt waren, für mich sehr schwer gewesen sei. Aus diesem Grund sei ich häufiger auf die Philippinen geflogen, bis meine Frau schließlich das Visum zum Zweck der Eheschließung ausgestellt bekommen habe und einreisen durfte. Er erzählt mir, dass er seine Freundin nur einmal im halben Jahr sehe. Ich frage ihn neugierig, wie er das aushalte und warum er sie nicht einmal besuche.

Das sei schwierig, gibt er mir zu bedenken. Es beschleicht mich das Gefühl, dass diese Beziehung ein fiktives Konstrukt ist, wenngleich Herr X ergänzt, dass sie hin und wieder telefonieren würden und sich vor vier Monaten zum letzten Mal gesehen hätten. Seitdem hätten beide es nicht mehr geschafft zueinander zu finden. Ich frage Ihn, wie lange das letzte Telefonat zurückliegt und er bemerkt, dass es vor einem Monat gewesen ist. Ich finde das sehr seltsam, lasse mir aber nichts anmerken höre aufmerksam zu und nehme zur Kenntnis. Ich gehe dem Gedanken mit der fiktiven Freundin nach und erfahre, dass Herr X eine Freundin hatte. Mittlerweile, so der Fachdienst Berufliche Bildung, sei diese Beziehung aber am Verhalten von Herrn X gescheitert und die beiden hätten keinen Kontakt mehr miteinander. Überhaupt sei die Beziehung nur von kürzerer Dauer gewesen. Auf Nachfrage bei den zuständigen Gruppenleitern erfahre ich außerdem, dass Herr X sich nach wie vor, in diversen Krankenhäusern und ihm Rahmen exzessiver Arztbesuche Magen – und Darmspiegelungen[1] durchführen lässt. Es seien seine beliebtesten Untersuchungsmethoden, weil man sich im Rahmen dieser Untersuchungen intensiv selbst wahrnehmen könne und von behandelnden Ärzten berührt werden müsse. Dies decke wieder mit seinem Wunsch nach Nähe und Geborgenheit, welchen er habe und weshalb er auch gerne eine Freundin hätte. Der Akte des Herrn X kann ich entnehmen, dass er häufiger versucht hat, Beziehungen zu weiblichen Rehabilitandinnen, der WfbM aufzubauen. Von einer Rehabilitandin erhielt er ein Geschenk und überinterpretierte diese Geste. Lage machte er sich noch Hoffnungen auf eine Beziehung. Schließlich musste vom Sozialpädagogischen Fachdienst ein Kontaktverbot außerhalb der Arbeitszeit ausgesprochen werden.[2] Dass er eine Freundin haben möchte, sei vor dem Hintergrund seiner Persönlichkeitsstörung nur schwer umsetzbar, denn wenn er versuche, mit weiblichen Werkstattbeschäftigten in Kontakt zu kommen erwarte er sich schnell mehr diese zu geben bereit seien, weshalb die Beziehung scheitere und sich die Auserwählte zurückziehe, so die zuständigen Gruppenleiter. Zurück an der Werkbank bei Herrn X konfrontiere ich ihn mit den Tatsachen, indem ich ihm sage, dass ich ihm nicht glaube, dass er eine Freundin hat. Ich erkläre ihm, dass Frauen sich sicher und geborgen fühlen wollen und sage ihm dass er diese Sicherheit und Geborgenheit einer Frau auch gerade dadurch vermittelt, in dem er selbst zuverlässig und dadurch vertrauenserweckend ist. Vertrauen werde durch eine

---

[1] vgl. Gespräch mit zuständigen Gruppenleitern vom 10.11.14
[2] laut Interner Ereignisprotokolle der Akte des Herrn X

Regelhaftigkeit, eine Berechenbarkeit des eigenen Tuns erreicht und sei Voraussetzung für eine gute Beziehung. Dazu passe es nicht, dass er zur Arbeit komme, wann es ihm passe und seine Arbeit nur in unzureichender Qualität ausführe. Ich sage ihm, dass eine Frau oder Freundin zu haben auch bedeute, für eine zweite Person Verantwortung mit zu übernehmen und für diese teilweise mit zu denken und sie in ihren Bedürfnissen zu respektieren. Ich sage ihm, dass er zunächst bei sich im kleinen Rahmen ansetzen solle und sukzessive mehr Verantwortung übernehmen müsse. Tags darauf berichtet er mir leider, dass sich ein Mann vor die U-Bahn geworfen habe. Kurz zuvor bin ich selbst mit der gleichen U-Bahn gefahren. Ich teile ihm mit, dass ich das nicht glauben könne. Da schiebt er nach dass er verschlafen habe und dies der eigentliche Grund für die Verspätung sei. Ich gehe nicht weiter darauf ein und sage ihm, dass er deshalb heute 15 Minuten länger arbeiten müsse, weil er die auch zu spät kam. Er frägt mich, ob das wirklich sein müsse und ich bemerke daraufhin, dass jeder Mensch für sein Handeln die Konsequenzen selbst tragen müsse.

Anlage 2: Psychiatrischer Befund des Herrn X aus der Förderstätte Piusheim in Baiern bei Glonn (1995-2000)

Herr X, seit 5 Jahren in Piusheim bei Glonn, wird seit Juli 99 von mir betreut.

Diagnose:Persönlichkeitsstörung mit infantilen Zügen, ausgeprägte Sommatisierungstendenzen und erhebliche Störungen im Kontaktverhalten bei einem IQ von 62 (ICD 10 F 71.1).

Vorgeschichte: Probleme in der Schule im Kontakt mit Mitschülern. Wegen hypochondrischem Syndrom Behandlung mit Amphetamin. Nach dem Hauptschulabschluss kam es nur zu kurzzeitigen Arbeitsversuchen, die immer wieder abgebrochen werden.

Herr X klagt über Unruhe – und Angstzustände. Besonders auffällig sind hypochondrische Befürchtungen, die zu zahlreichen Krankenhausaufenthalten und Coloskopien geführt haben.

Psychopathologischer Befund: Bewusstseinsklar, allseits orientiert, keine Wahn, formelles Denken eingeengt, Konzentrations- und Merkfähigkeit reduziert, ebenso die Fähigkeit zu abstraktem Denken. Kaum Introspektionsfähigkeit. Im Kontakt freundlich, affekt-labil, zu Stimmungsschwankungen neigend. Wechselhafter Antrieb, Mangel an Durchhaltevermögen und geringe Frustrationstoleranz. Deutliche Sommatisierungsneigung. Ein institutioneller Rahmen – wie in Piusheim geboten- ist aus meiner Sicht dringend erforderlich.

Anlage 3: Gutachten des Medizinischen Dienstes des Arbeitsamtes München (auszugsweise) anlässlich der Aufnahme in der Lebenshilfewerkstatt GmbH Hauptwerkstatt Scharnitzstr.11 München

Kurzgefasste Darstellung von Gesundheitsstörungen:

ausgeprägte Persönlichkeitsstörung

vorbefundlich Ohrgeräusche nach Hörsturz

Arbeitsmedizinische Beurteilung und zusammenfassender Bericht (Epikrise)

a) *Allgemein-und Alterszustand, allgemeine körperliche und psychische Leistungsfähigkeit und Belastbarkeit*

34-jähriger Mann in gutem Allgemeinzustand mit verminderter Belastbarkeit.

b) Im Vordergrund stehende Gesundheitsstörungen mit Hinweisen auf funktionelle Auswirkung- Prognose und Behandlungsbedürftigkeit

Bei Herrn X liegt eine schwerwiegende psychische Behinderung vor. Dabei treten durchgehend verschieden stark hypochondrische Verhaltensweisen, sowie Konflikt – und situationsvermeidendes Verhalten auf. Herr X ist unselbstständig und von Zuwendung und Hilfe anderer abhängig. Aufgrund der genannten Persönlichkeitsmerkmale hat es Herr X nie geschafft, eigenständig und selbstverantwortlich zu leben. Es ist immer zu sozialen und zwischenmenschlichen Konflikten gekommen. Herr X lebt immer noch bei seinen Eltern verfügt, nach wie vor keine Berufserfahrung und hat vielfache z.T. mehrjähre stationäre Aufenthalte hinter sich.

Unter diesen Umständen ist jetzt nur eine Eingliederung in eine WfbM aus meiner Sicht sinnvoll.

Es liegt ausreichende Belastbarkeit für den ,,Berufsbildungsbereich" einer WfbM vor.

Lärmbelästigung ist zu vermeiden (Ohrgeräusche).

Bei o.g. liegt eine so schwerwiegende Behinderung vor, dass nach ärztlicher Einschätzung nur eine Eingliederung in eine WfbM erfolgversprechend erscheint. Ein nach § 136 SGB IX Mindestmaß an wirtschaftlich verwertbarer Arbeit kann erbracht werden. Gemeinschaftsfähigkeit liegt vor.

Anlage 4: Psychologische Diagnose Herr X / Kurzbericht im Rahmen der Eingangsdiagnostik anlässlich der Aufnahme in der Lebenshilfewerkstatt GmbH Hauptwerkstatt Scharnitzstr.11 München vom 27.11.2003 (erstellt vom psychologischen Fachdienst der Lebenshilfe Werkstatt GmbH).

Ergebnisse und Empfehlungen aufgrund 1.5 Stunden Eingangsdiagnostik, anlässlich des ersten Entwicklungsplangespräches:

Fähigkeiten an der Untergrenze zur Lernbehinderung. Eingeschränkte Auffassungsgabe, starke Konzentrationsstörungen, fehlende Ausdauer. Gravierende Persönlichkeitsstörungen: Tendenz zur Somatisierung, starke motorische Unruhe , ernstzunehmende neurotische Ängste, die ihn dauerhaft beschäftigen, emotional sehr labil, selbstunsicher. Benötigt verständnisvolle Begleitung und Führung

Empfehlungen:

1. Einzelbegleitung
2. Entwicklung der Eigenständigkeit

Anlage 5: Lebenslauf Herr X (anonymisiert inhaltlich original)

Herr Heinrich X: 22.12.68 in München

Vater: geb. 23.07. 41 in München

Mutter: geb. 07.05.44 in München

Beruf : Hausfrau

Bruder geb. 08.06.71

Schulen: 1976-1986 Mittelschule München

Erfolgreicher Hautschulabschluss

Förderlehrgang bei Adolf-Kolping Schule 1987

BVJ (Berufsvorbereitungsjahr in Wirtschaft und Verwaltung

Adolf-Kolping Bildungswerk 1987/88

damit endet die Berufsschulpflicht

Kurse im Paukstudio Moos und in der VHS München

3 Monate im Altenheim (freiwilliges soziales Jahr)

Verschiedene Aushilfsarbeiten in Krankenhäusern und Kaufhäusern etc.

Einmonatiger Kurs zum Pflegehelfer, bestanden

April-Juni 1991 Probe im BBW Abelsberg

Oktober/November 1992 Aufenthalt in der Klinik Dr. Schlemmer

Dez. 1992 Überweisung ins Bezirkskrankenhaus Haar

Jan. 1993 Überweisung in Haus 15 stationär

Mai 1993 Entlassung bzw. ambulant, Arbeitstherapie in Halle A.

1995 Förderstätte Piusheim Baiern

2000- 2001 Sozialpsychiatrisches Zentrum Teutoburgerstr.

ab Okt. 2001 bei den Eltern

von mir nachträglich aufgrund der Vorgänge in Akte des Herrn X zum Lebenslauf hinzugefügt:

Februar 2003 Praktikum Lebenshilfe Werkstatt GmbH im BBB der Hauptwerkstatt (Abbruch nach 2 Tagen)

08.09.2003 Eintritt in die Hauptwerkstatt der Lebenshilfe Werkstatt GmbH
Beginn des Eingangsverfahrens zur Feststellung seiner Eignung für diese Maßnahme zur Teilhabe am Arbeitsleben.
07.12.2003 Ende Eingangsverfahren, Eintritt in den Berufsbildungsbereich der Hauptwerkstatt der Lebenshilfe Werkstatt GmbH zum 08.12.2003
Ab 08.12.2005 nach 2 Jahren Grundkurs Aufnahme in der Arbeitsbereich der Hauptwerkstatt der Lebenshilfe Werkstatt GmbH
Juni 2011 – Dezember 2011 Auszug vom Elternhaus und wohnhaft TWG Zwischenraum e.V.
01.08.2011 Versetzung in die ZWO der Lebenshilfe Werkstatt GmbH für Menschen mit einer Primärdiagnose seelische Behinderung in die Arbeitsgruppe Bürodienstleistung
ab 01.06.2012 Herr X intern versetzt in den Arbeitsbereich Verpackung / Montage (ZWO)
Seit Anfang des Jahres 2012 wieder wohnhaft bei den Eltern

Anlage 6: Auszug aus dem Kostenübernahmeantrag an den Kostenträger nach dem SGB III (Arbeitsamt) vom 25.11.03 für den Zeitraum vom 08.12.03- 07.12.04

Zusammenfassende Beurteilung und Vorschläge für weitere Maßnahmen

Herr X hat in der Zeit vom 8.9.- 7.12.03 das Eingangsverfahren im Berufsbildungsbereich der Lebenshilfe Werkstatt GmbH absolviert. Hier sollte festgestellt werden, ob die WfbM die geeignete Einrichtung zur Teilhabe am Arbeitsleben für Herrn X darstellt. Hierzu wurden verschiedene Test und Arbeitsproben aus den einzelnen Arbeitsbereichen des Hauses ausgeführt. Abschließend wurde ein individueller Entwicklungsplan erstellt.

Herr X hat lange Zeit gebraucht, um sich an den Tagesablauf zu gewöhnen. Aufgrund seiner psychischen Behinderung hinterfragt er ständig seine Tätigkeiten und holt sich permanent eine Bestätigung ein. Dies führt dazu, dass er regelmäßig eine Betreuungsperson an sich bindet. Parallel dazu konsultiert er noch den begleitenden Dienst. Herr X benötigt eine lange Anlernzeit beim Erlernen neuer Tätigkeiten. Da er sehr unkonzentriert ist, schleichen sich immer wieder Fehler bei den Arbeitsergebnissen ein. Herr X redet den ganzen Tag auf die anderen Teilnehmer ein. Häufig macht er dabei seine Krankheiten, die er sehr pflegt, zum Thema. Dies führt zu einer großen Unruhe in der Gruppe. Aufgrund der Ergebnisse des Eingangsverfahrens sind wir zu dem Resultat gekommen, dass die WfbM die geeignete Maßnahme zur Teilhabe am Arbeitsleben für Herrn X darstellt. Nach Beendigung des Eingangsverfahrens wird Herr X am Grundkurs der Eingliederungs-und Fördermaßnahme teilnehmen. Hier möchten wir Herrn X zunächst befähigen sich längere Zeit auf eine Tätigkeit konzentrieren zu können. Seine Gruppenfähigkeit sollte ebenfalls noch verbessert werden. Des Weiteren möchten wir Herrn X Grundfähigkeiten in den Bereichen Verpackung und Montage vermitteln.

Wir beantragen die Kostenübernahme nach dem SGB III vom 8.12.03-7.12.04. Wir beantragen aus den oben genannten Gründen den Mehrbedarf.

Anlage 7 : Auszug aus dem Kostenübernahmeantrag an den Kostenträger nach dem SGB III (Arbeitsamt) vom Mai 2004 für den Zeitraum vom 08.12.04-07.12.05

Herr X nimmt seit 08.12.03 am Grundkurs der Eingliederungs-und Fördermaßnahme teil. Ziel des Grundkurses ist es, Herrn X mit den verschieden Tätigkeitsbereichen des Hauses vertraut zu machen.

Herr X ist sehr unkonzentriert. Da er sich ständig mit anderen Dingen beschäftigt, treten häufig Fehler auf. Dies ist zum Teil auch bei Tätigkeiten der Fall, die Herr X wiederholt ausgeführt hat, z.B. Mengenkontrolle von Kleinteilen mit der Zählwaage. Seiner Umwelt gegenüber verhält sich Herr X öfters distanzlos. Er beachtet normale Gesprächs- und Verhaltensregel nicht. Außerdem benötigt Herr X für seine eigene Stabilität ständige Rückversicherung. Zu den Gesprächen im Berufsbildungsbereich wird Herr X in regelmäßigen durch den begleitenden Dienst [Sozialdienst] intensiv betreut. Mit dieser intensiven Betreuung hat Herr X im Rahmen der Maßnahme Fortschritte erreicht, wie z.B, Verbesserung seiner Kritikfähigkeit.

Herr X wird im zweiten Maßnahmejahr den Grundkurs wiederholen. Hier möchten Herrn X befähigen, leichte Tätigkeiten aus dem Verpackungs- und Montagebereich selbstständig ausführen zu können. Weiterhin werden wir die Ausdauer und Konzentrationsfähigkeit fördern.

Wir beantragen daher weitere Kostenübernahme nach dem SGB III, einschließlich einem erhöhten Mehrbedarf.

Anmerkung: auf das Exzerpieren weiterer Kostenübernahmeanträge aus den Folgejahren wird explizit verzichtet, weil sich nach Durchsicht der Akte des Herrn X ergeben hat, dass sie im Wesentlichen denselben Inhalt haben und sich nur geringfügige Veränderungen ergeben, was die Zielsetzung anbelangt.

Anlage 8: Gespräch mit psychologischem Fachdienst vom Montag den 24.11.2014 (wesentliche Inhalte/ Mitschrift):

Herr X hat gute Fähigkeiten bezogen auf die Werkstatt und kann diese auch einbringen Bestimmte Situationen kann Herr X nicht ertragen, weil er sich durch das Verhalten anderer gestört fühlt. Es ist ihm teilweise zu laut, zu aggressiv, Herr X hat Angst Ein Anteil seiner Persönlichkeitsstörung ist spezielles Verhalten bei Kontaktaufnahme (wiederholtes Anschauen und Fixieren (Anstarren). Er sucht auf der einen Seite zu bestimmten Personen unangemessen Nähe und ist distanzlos, frägt sich aus und konfrontiert vorschnell mit seinen eigenen Problemen (einweihen). Zu anderen Personen wiederrum hat er keinen Draht und kommt mit ihnen auch nicht zurecht (er entwickelt regelrechte Feindseligkeiten). Sein Verhalten weist somit gute Anteile und ebenso böse Anteile auf. Bezogen auf die Leistung lässt sich sagen, dass es häufig an Konzentration mangelt und eine motorische Unruhe besteht, die ihn häufig dazu zwingt aufzustehen und herumzugehen.

Es fällt ihm schwer erwachsenes Verhalten mit allen seinen Verantwortlichkeiten zu zeigen, lieber lässt er sich versorgen und sucht Anlehnung. Er bräuchte einen Partner mit Helfersyndrom, dem er alle seine Bedürfnisse anvertrauen könnte. Seine Schemata geben ihm Sicherheit und sind ihm vertraut. Hat soziale Kompetenzen im Benehmen und ist fähig zu üblichem distanzierten Kontakt. Die Persönlichkeitsstörung wirkt in Bezug auf Kontakte und Beziehungen negativ. Seine Intelligenzminderung beschränkt in der Übernahme von mehr Selbstständigkeit und verhindert, dass er Dinge selbst in die Hand nehmen kann.

Anlage 9: Aktueller Entwicklungsplan für Herrn X auf der Grundlage der Kompetenzanalyse vom 25.09.14

Gruppe : Verpackung /Montage

1.Förderziel: Positivere Einstellung zur Werkstattmaßnahme

Maßnahme: Abwechslung in der Arbeit mit neuen Aufgaben im HW –Dienst

Verantwortlich: Frau M., Herr M. und Herr X

Aussage Herr X: ,,Wenn ich will, dann kann ich"

Zeitraum : 1 Jahr

Auswertung am: noch offen

Förderziel erreicht: offen

2. Förderziel: Soziale Kontaktfähigkeit

Maßnahme: Kurs ohne dich geht nix – Gespräche zur Verhaltensänderung, Gespräche mit FD, ZERA in 2015

Verantwortlich : Gruppenleiter, Fachdienste, Herr X

Auswertung am: noch offen

Förderziel erreicht: offen

Zeitraum: 1 Jahr

3. Förderziel: Pünktlichkeit morgens und nach den Pausen

Maßnahme : Kein ,,Trödeln" auf dem Arbeitsweg, Nacharbeiten der Fehlzeiten

Verantwortlich : Herr X, Grupenleiter

Auswertung am: noch offen

Förderziel erreicht: offen

Zeitraum: 1 Jahr

Bedarf an begleitenden Maßnahmen:

1. ZERA in 2015
2. Ohne dich geht nix

Notwendigkeit der Teilnahme an einem Praktikum: behinderungsbedingt Überforderung

Im letzten Berichtszeitraum wurden durchgeführt: MAN- Kabelzuschnitt, Batterieentgasungsschläuche (alle Arbeitsschritte)

Neu erlernt: nichts

Anlage 10: Entwicklungsplan für Herr X aufgrund der Kompetenzanalyse vom 31.07.2013

Arbeitsbereich: Verpackung /Montage

1. **Förderziel**: Arbeitsmotivation und Pünktlichkeit
   Maßnahme: Wecker um 06.45 Uhr stellen. Zeit am Arbeitsplatz produktiv nutzen oder ,, Nacharbeitszeit"
   Verantwortlich: Herr X, Gruppenleiter
   Auswertung am: 25.09.14
   Förderziel erreicht: Förderziel nicht erreicht

2. **Förderziel**: Eigenverantwortlichkeit und Qualitätsbewusstsein
   Maßnahme: Anleitung und Übung, Ablenkungen reduzieren
1. Abtrennung räumlich
2. Arbeitsmenge festlegen

   Verantwortlich: Herr X, Gruppenleiter

   Auswertung am: 25.09.14

   Förderziel erreicht: teilweise erreicht

   Bemerkung: Minimale Verbesserung, schwankender Verlauf

3. **Förderziel**: Soziale Kontaktfähigkeit

   Maßnahme: Wiederholungsfragen und Befindlichkeit umlenken, Pädagogische Begleitung bei der Umlenkung auf andere Themen

   Verantwortung: Fachdienste, Gruppenleiter, Herr X

   Auswertung am: 25.09.14

Förderziel erreicht: Teilweise erreicht

Bedarf an begleitenden Maßnahmen:

1. Idee Entspannungstechniken
2. Coqpack

Notwendigkeit eines externen Praktikums: behinderungsbedingte Überforderung

Im letzten Berichtszeitraum wurden folgende Arbeiten durchgeführt:

Montage von Batterieentgasungsschlauch

Kabelzuschnitt MAN

neu erlernt: -

Anlage 11 : Entwicklungsplan für Herrn X auf Basis Kompetenzanalyse vom 24.05.12

Arbeitsbereich: Verpackung /Montage

1. Förderziel : Arbeitsmotivation verbessern
   Maßnahme: Fester Arbeitsplatz in ZWO Verpackung Montage /adäquater Arbeitsplatz Zeitraum: 1 Jahr
   Verantwortlich: Gruppenleiter, Herr X
   Förderziel erreicht: nein
   Auswertung am: 31.07.13

2. Förderziel : Ausdauer und Konzentration Genauigkeit
   Maßnahmen : Feste Arbeitszeiten und- mengen , Pausen und ausreichend Erholungszeit
   Zeitraum: 1 Jahr
   Verantwortlich: Herr X, Gruppenleiter
   Förderziel erreicht: Nein und teilweise
   Bemerkungen: unverändert

3. Förderziel: Gemeinschaftsgruppenfähigkeit /Soziale Kompetenzen Gruppenintegration ,,mit schwierigen Kollegen gut umgehen". Unterstützung durch Gespräche mit GL
   Zeitraum: 1 Jahr
   Förderziel erreicht: teilweise
   Bemerkung : leichte Verbesserung
   Bedarf an begleitenden Maßnahmen : Schnupperstunde in Bewegungskursen

Notwendigkeit eines Praktikums : Kein Praktikum behinderungsbedingt Überforderung

Im letzten Berichtszeitraum ausgeführte Arbeiten / Arbeitsschritte :
alle Arbeitsschritte Batterieentgasungsschläuche

16

Neu erlernt: Bürklin- Auftrag Mitarbeit

Anmerkung: Die begleitenden Maßnahmen und Bildungsmaßnahmen haben immer seinen Erwartungen entsprochen. Durchgängig in allen Jahren kreuzt Herr X einen grünen Smiley an der für „gefällt mir sehr gut. Bin zufrieden" steht. Es gibt daneben noch einen roten und einen gelben Smiley. Rot steht für gefällt mir gar nicht und gelb für „geht so".